ECOS DEL
ALMA

A aquellos corazones que han conocido el peso del silencio, a quienes
caminan entre sombras con la esperanza intacta.
A los que, en medio del dolor, siguen buscando la belleza y
encuentran consuelo en las palabras que nacen del alma.
Que este libro sea un refugio para los que sienten
y una compañía para los que lloran en la quietud de la noche.
Porque, en cada verso triste, reside la fuerza de un corazón que aún
late.

ÍNDICE

Sombras de un adiós

La lluvia cae con tristeza
Sobre mi rostro solitario
Las gotas frías y pesadas
Son el reflejo de mi dolor.

Mis ojos miran al vacío
Buscando una luz que no está
Mi corazón late en silencio
Por un amor que se marchó.

El viento susurra en mi oído
Un lamento que me hace llorar
Las hojas muertas y amarillas
Son el símbolo de mi soledad.

Ya no tengo ganas de nada
Solo quiero cerrar los ojos
Y dejar que la oscuridad
Me envuelva en su manto mortal

Así es mi vida desde que te fuiste
Un camino oscuro y sin final
Un corazón que late en vano
Y una tristeza que nunca se va.

Susurros de la lluvia

La lluvia cae afuera
y yo aquí adentro sola
con mi corazón roto
y mi alma desconsolada.

Recuerdo aquellos días
en que éramos felices
y ahora todo es silencio
y la tristeza me consume.

Quisiera olvidar todo
y empezar de nuevo
pero el dolor me aferra
y no me deja ser libre.

Así vivo en la oscuridad
sin encontrar la luz
y mi corazón sigue sangrando
por aquel amor perdido

La vida sigue adelante
y yo me quedo atrás
con mi dolor y mi tristeza
en un mundo que ya no es igual.

El silencio de su partida

Un padre que se va sin mirar atrás,
dejando un vacío en el corazón,
un dolor que no cesa y que no da paz,
una herida que sangra sin compasión

¿Cómo explicar el abandono cruel,
la sensación de ser un peso más?
¿Cómo superar el dolor tan fiel,
que no se va ni con el pasar del tiempo?

El recuerdo de su rostro en mi mente,
la nostalgia de aquellos tiempos felices,
los abrazos, las risas, la sonrisa ardiente,
todo ahora es sombra y cicatrices.

Un padre que se aleja sin piedad,
dejando una hija en la soledad,
en el abandono y la oscuridad,
sin comprender su acto de crueldad

¿Por qué dejó su amor y su hogar?
¿Por qué no pensó en el daño que causaría?
¿Por qué decidió sin siquiera mirar,
el sufrimiento que su ausencia traería?

Ahora solo queda el dolor y el llanto,
el recuerdo de un padre que se fue,
la lucha diaria para encontrar un tanto
de felicidad en medio del mar sin él.

El reflejo del dolor

Me miro al espejo y siento dolor,
No me gusta lo que veo.
Mis ojos se llenan de lágrimas,
Al ver mi cuerpo que no me ama.

Me odio por no ser perfecta,
Por tener una figura tan recta.
Por las horrendas curvas que tengo,
Y mi autoestima se desvanece en la mañana.

¿Por qué no puedo amarme como soy?,
¿Por qué me comparo con otras
mujeres que gozan de un mejor hoy?.
Mis piernas son muy gordas,
mi estómago no es plano,
Y siento que nunca encajaré
en este mundo insano

Sé que no debería odiarme así,
Qué debería aceptarme con
amor y dejar el dolor partir.
Pero es difícil, me duele y no sé cómo salir,
De esta tristeza que me hace sufrir.

Ojalá pudiera abrazarme y
decirme que todo estará bien,
Que mi cuerpo es perfecto tal
y como es, sin ningún desdén.
Pero hoy, solo puedo llorar
y odiarme físicamente,
Y espero que algún día pueda
amarme sin resistencia.

El peso del miedo

Tengo miedo al abandono,
un temor que me acompaña,
en el corazón, un abismo,
que me arrastra hacia la nada.

A veces siento que estoy sola,
que nadie puede comprender,
el dolor que me atormenta,
cuando temo perder.

Mis miedos me consumen,
como un fuego sin control,
y mi corazón se desgarra,
ante la idea del adiós.

¿Qué haré si me dejan sola?,
¿Cómo viviré sin amor?,
son preguntas que me atormentan,
que me sumen en el dolor

Pero a pesar de mi miedo,
trato de seguir adelante,
de luchar contra mis demonios,
de no perder la esperanza.

Porque sé que en la vida,
todo cambia y se transforma,
y aunque el miedo me atormente,
la felicidad siempre retorna.

El Peso Invisible

Siento en el pecho una carga pesada,
un peso que no puedo aliviar.
Me siento como una carga,
una carga que nadie quiere llevar.

Mi presencia es una molestia,
una carga para aquellos que me rodean.
Mi alma se siente abatida,
porque siento que no
tengo valor alguno

Mis lágrimas caen sin cesar,
como si quisieran lavar mi ser.
Pero aún así, siento la carga,
una carga que no puedo deshacer.

A veces me pregunto por qué existo,
por qué mi vida parece una condena.
Siento que no merezco amor ni atención,
que soy una carga en esta vida ajena.

Pero aunque me sienta así de triste,
sé que debo seguir adelante.
Quizás algún día pueda
aliviar esta carga,
y sentirme útil y valiosa
antes de que llegue mi fin.

Razones para Vivir

Quiero morir,
sentir que todo ha terminado,
que ya no tengo que luchar,
ni sentir más dolor.

Quiero desaparecer,
olvidar las penas y sufrimientos,dejar de existir,
sin que nadie note mi ausencia.

La tristeza me consume,
el dolor no me deja en paz,
siento que no hay esperanza,
ni razón para seguir adelante.

¿Por qué seguir luchando,
si todo parece estar perdido?,
mejor dejar de sufrir,
y partir hacia un lugar desconocido.

Pero algo me detiene,
tal vez un recuerdo feliz,
una mirada, un abrazo,
que me hacen querer seguir.

Aunque a veces me sienta sola,
aunque las penas me abrumen,
sé que siempre habrá alguien,
que me tienda la mano y me ayude.

Por eso aunque a veces quiera morir,
siempre encuentro una razón para vivir,
una luz que me ilumina,
y me hace seguir adelante sin desfallecer.

Dentro del Perdón

A veces siento que no merezco amor,
que mi alma está manchada por el dolor,
que soy una sombra que no merece luz,
que mi corazón está lleno de intrusos.

Pienso en todas las cosas que hice mal,
en los errores que cometí sin cesar,
en las palabras que dije sin pensar,
en las promesas que no
pude cumplir jamás.

Y en mi mente se forma una tormenta,
que me hace creer que soy una condena,
un peso que nadie debería cargar,
un ser inútil que no merece amar.

Pero entonces recuerdo que soy humano,
que cometer errores es algo cotidiano,
que el amor no se gana con perfección,
sino con entrega y compasión.

Y así poco a poco la tormenta se calma,
y mi corazón vuelve a latir con calma,
porque aunque a veces sienta
que no merezco amor,
sé que en mi alma hay un
lugar para el perdón.

Vacío Paterno

Perdida en la oscuridad de mi mente
Busco la figura paterna que nunca tuve presente
Mi corazón herido y mi alma en llanto
Solo anhelando un abrazo de su manto

Crecí sin su amor, sin su apoyo
Y ahora me siento como un barco
a la deriva en el mar rojo
Luchando por encontrar mi lugar
mientras mi corazón sigue
sangrando en soledad

Mis "daddy issues" me atormentan cada día
Sintiéndome incompleta,
perdida en la agonía
Buscando un padre en cada
hombre que conozco
Pero solo encontrando más dolor
y un vacío poco poco

La herida nunca sana y
mi corazón sigue sangrando
Mientras lloro por lo que nunca
tuve y sigo buscando
Un amor paterno que nunca llegó
Dejándome en la oscuridad
y la tristeza, rota y sin amor.

Cicatrices del Alma

Tengo tantas cicatrices en mi cuerpo,
pensando que pararían mi dolor,
que se han convertido en un mapa triste,
de un corazón que llora por su error.

Cada herida es una marca eterna,
de un pasado que no quiere partir,
y aunque intento olvidar las penas,
mi alma sigue sin poder reír.

Las cicatrices son testigos mudos,
de un sufrimiento que nunca cesó,
y aunque intenté sanar mis heridas,
mi alma sigue herida, en un rincón.

¿Cuándo terminará este tormento,
y mi alma podrá finalmente sanar?,
¿Cuándo dejaré atrás el lamento,
y podré por fin volver a soñar?

Pero las cicatrices siempre estarán,
recordándome lo que tuve que pasar,
y aunque intento dejarlas atrás,
mi dolor sigue aquí, sin cesar.

Así que me quedo con mis cicatrices,
que son parte de mi historia y mi ser,
y aunque me hagan sentir triste,
sé que son mi fortaleza y mi saber.

Miedo a Decepcionar

Bajo la sombra de la noche callada,
un eco de temores, un alma angustiada.
En el rincón del corazón, un suspiro pesaroso,
temiendo decepcionar, en un mundo laborioso.

En los ojos, reflejos de ansias y miedos,
se dibuja la tristeza con sutiles dedos.
El temor se cierne como sombra constante,
temiendo defraudar, en un trágico instante.

Entre susurros del viento, se escucha el lamento,
una melodía triste, un trágico tormento.
El peso de las expectativas, como plomo denso,
se posa en el alma, cual sombrío incienso.

En cada paso, la carga se hace evidente,
el miedo a la decepción, cruelmente latente.
El eco de un suspiro, una triste plegaria,
temiendo desilusionar, en esta danza diaria.

Oh, fragilidad del alma en su danza frágil,
bajo el peso del temor, en un mundo hostil.
Entre lágrimas silenciosas, se esconde el dolor,
miedo a decepcionar, en cada amargo fervor.

Las Huellas del Dolor

En mi ser, surcan las cicatrices,
como versos que el dolor compuso,
que se han convertido en un mapa triste,
de un corazón que llora por su error.

Cada herida es una marca eterna,
de un pasado que no quiere partir,
y aunque intento olvidar las penas,
mi alma sigue sin poder reír.

Las cicatrices son testigos mudos,
de un sufrimiento que nunca cesó,
y aunque intenté sanar mis heridas,
mi alma sigue herida, en un rincón.

¿Cuándo terminará este tormento,
y mi alma podrá finalmente sanar?,
¿Cuándo dejaré atrás el lamento,
y podré por fin volver a soñar?

Pero las cicatrices siempre estarán,
recordándome lo que tuve que pasar,
y aunque intento dejarlas atrás,
mi dolor sigue aquí, sin cesar.

Así que me quedo con mis cicatrices,
que son parte de mi historia y mi ser,
y aunque me hagan sentir triste,
sé que son mi fortaleza y mi saber

Faro de Hermandad

En la danza de la vida, un faro resplandece,
Mi hermano mayor, ancla de fortaleza,
Con risas que pintan el cielo de colores,
Eres la melodía que endulza mis rumores.

Guardián de secretos, cómplice de juegos,
Tu luz ilumina los senderos de mis sueños.
En el libro del tiempo, capítulo tras capítulo,
Eres el lazo fuerte, eterno y cálido.

Como un sol radiante en el cielo de la infancia,
Guias mis pasos con amor y esperanza.
En tus abrazos encuentro refugio sincero,
Eres mi héroe, mi guía, mi compañero.

Con cada consejo, con cada sonrisa,
Tejiendo memorias, en la trama de la risa.
Hermano mayor, tesoro de mi existencia,
Celebramos juntos esta hermosa coexistencia.

En la sinfonía de la familia, tu nota es vital,
El protector, el amigo, el confidente leal.
Bajo el mismo cielo, compartimos la risa,
Hermano mayor, eres mi luz, mi brisa.

A través de los días, en risas y en llanto,
Caminamos juntos, fuerte es nuestro encanto.
En la danza de la vida, a tu lado bailaré,
Hermano mayor, siempre te amaré.

El Miedo a Crecer

Bajo el manto de estrellas que suspiran,
se oculta un niño temeroso de partir,
sus ojos reflejan el anhelo que se retira,
el miedo a crecer, un lamento a sentir.

Entre sombras danzan sus ilusiones,
jardín de infancia, refugio de inocencia,
pero el tiempo, implacable en sus razones,
teje miedos en la tela de la adolescencia.

Cautivo en la red de la adultez que se avecina,
se aferra a juguetes que el viento despliega,
sus risas se tornan suspiros en la rutina,
temiendo el mañana que su niñez niega.

Los días se deslizan como lágrimas fugaces,
el crecer es un viaje de sombras y claridades,
se desvanece la niñez entre lugares y frases,
el pequeño teme perder sus ingenuidades.

A lo lejos, la madurez le tiende la mano,
un camino incierto, un bosque de incertidumbre,
donde el miedo a crecer, como un arcano,
teje hilos de melancolía en su piel de costumbre.

En cada arruga, una historia por contar,
el niño interior susurra, nostálgico y sombrío,
mientras el tiempo avanza sin detenerse a esperar,
el miedo a crecer, un poema triste en su rocío.

Reflejo de Desdicha

En el cristal reflejo de mi alma quebrada,
se agitan sombras de un dolor profundo,
un espejo traidor que revela la herida,
del asco que mi propia imagen inunda.

En sus límites, la mirada se evade,
temerosa de hallar su propia desdicha,
reflejo cruel que me devora el alma,
un eco triste, en la penumbra se enreda.

El vidrio frío devuelve la desdicha,
cada línea, un lamento silencioso,
el asco brota al verme reflejado,
en el espejo, mi ser queda difuso.

Cuerpo hostil que en el espejo encuadro,
un cuadro gris de desesperanza,
mis ojos huyen de su propia imagen,
temiendo el peso de esta triste danza.

Asco a la piel que en vano se contempla,
se ahoga en lágrimas el reflejo amargo,
en el espejo, mi tristeza se expande,
como un poema triste, sin embargo.

El Vacío del Padre Ausente

En la penumbra del recuerdo yace,
un padre ausente, sombra que se desvanece.
Sus pasos, ecos de un adiós sin razón,
dejaron mi corazón en desolación.

En el rincón de la infancia, huellas perdidas,
promesas rotas, lágrimas escondidas.
Susurra el viento la historia de abandono,
un lazo roto, un nudo sin perdón.

¿Dónde se perdió su risa, su abrazo cálido?
En el silencio, se desvanece lo compartido.
Palabras mudas, como hojas caídas,
pintan un cuadro de ausencia, herida sin cura.

En el álbum de la vida, una página en blanco,
sin el consuelo de un padre, un anhelo franco.
El reloj avanza, pero el alma se estanca,
en el eco de un adiós que aún me estremece.

En el crepúsculo del afecto, lágrimas calladas,
se desdibuja el retrato de un amor extraviado.
Padre ausente, espejismo del amor paterno,
dejas en mi pecho un vacío eterno.

La Carga de la Perfección

En la danza de las expectativas, forjada,
bailo entre sombras de perfección sosegada.
Ataviada con la máscara de lo imperturbable,
mi alma llora en silencio, invisible.

Obligada a ser la flor sin mácula,
cierro mis pétalos con el peso que fluctúa.
Entre la obligación de la perfección marchita,
mi corazón suspira, en su esencia herida.

En el escenario de la pulcritud aparente,
mi ser se desvanece, en secreto se resiente.
Bajo el velo de las expectativas impuestas,
mi vulnerabilidad se oculta, entre rejas dispuestas.

Entre líneas de sonrisas perfectas,
se deslizan lágrimas, lánguidas y discretas.
La carga de la excelencia, pesada cadena,
se anuda a mis sueños, cual triste condena.

En el rincón de las sombras, yo susurro,
una melodía de tristeza, donde me oculto.
Pero la obligación persiste, como látigo severo,
la perfección exigida, un anhelo efímero.

¿Quién dictó este mandato, esta ley de cristal?
Donde la perfección es cárcel, no pedestal.
Quebrada en fragmentos, mi esencia resuena,
una canción triste, de una vida que en vano enajena.

Segunda Opción

En las sombras de un corazón desdibujado,
yergo mi alma, segunda opción designada.
A la luz de amores que brillan más alto,
mi presencia, eclipsada, queda olvidada.

En el baile de miradas y suspiros,
soy la melodía que apenas se escucha.
Entre las líneas de tristes susurros,
la segunda elección, silente, se escabulle.

Mis días tejen hilos de resignación,
en la paleta de afectos, un tono apagado.
Ser la segunda estrella, sin constelación,
un destino que se siente desplazado.

En el rincón de los anhelos relegados,
mi corazón late con eco apagado.
Segunda opción, en el juego de dados,
una triste pieza en un tablero olvidado.

Aunque mi amor sea sincero y profundo,
en el firmamento del afecto soy eclipsado.
Ser la sombra en un mundo segundo,
un poema triste, de amor desplazado.

Anhelo de Estrella

En la penumbra de la noche silente,
ansío fundirme en el firmamento,
ser estrella entre luces, tristemente,
mi anhelo en el cielo, eterno lamento.

Suspiro al mirar el vasto universo,
donde destellos danzan en lo alto,
anhelando un destino que es disperso,
como sombra errante, sin ningún alto.

Envidio la paz de aquellos astros,
que cuentan historias en el éter,
mientras yo, en la tierra, me desgasto,
sueños fugitivos, sin renacer.

Quisiera ser luz en el confín celeste,
pintar destellos en la negrura,
más estoy atrapado en mi propio gesto,
un deseo triste que no perdura.

Mi anhelo es ser una estrella más,
pero la realidad me abraza con pesar,
como lágrimas cósmicas, mi soledad,
en la vastedad del cielo, a vagar.

Renacer de la Oscuridad

En las sombras profundas del alma,
donde el eco del dolor susurra,
una tormenta grita en silencio,
y el peso de la noche perdura.

Pero allí, en lo más hondo del abismo,
donde parece que todo se apaga,
habita un destello diminuto,
una chispa que nunca se apaga.

Es la voz tenue de la esperanza,
un latido que nunca se quiebra.
Es el suelo que firme sostiene,
cuando todo en la mente se tambalea.

Paso a paso, como el río al mar,
como el brote que desafía el invierno,
la fuerza dormida comienza a brillar,
transformando el quebranto en un sueño eterno.

Los días grises pierden su filo,
y la luz acaricia la piel desnuda.
El alma herida recoge sus trozos
y con ellos construye su armadura.

No hay cadenas que el espíritu no rompa,
ni noche que no ceda al amanecer.
La depresión es un eco lejano,
y tú, un gigante que vuelve a nacer.

Así, aunque la oscuridad regrese,
aunque la tormenta vuelva a llover,
recuerda: en tu pecho arde una llama
que ni el más fuerte viento podrá vencer.

AGRADECIMIENTOS

A mi familia, por su amor incondicional y su
paciencia, por ser la luz que me guía en los
momentos oscuros.
A mis amigos, por su apoyo constante y su
comprensión, por estar siempre, incluso cuando las
palabras faltan.

A todos los que han leído, sentido y compartido
estos versos, por brindarme su tiempo y su alma.
Y, en especial, a aquellos que me han mostrado
que la tristeza no es un fin, sino un paso hacia la
transformación.

Gracias a la vida, por enseñarme a encontrar belleza
en la oscuridad y por regalarme la oportunidad de
escribir lo que no se puede hablar.
A cada lágrima que ha nutrido estas palabras,
y a cada risa que, algún día, las complementará.

Este libro es para todos nosotros,
que encontramos en el dolor, la fuerza para seguir
adelante.